Marco Müller

Hand aufs Herz
Hattest du schon einmal den Wunsch Millionär zu sein?

Hand auf´s Herz

Hattest du schon einmal den Wunsch
Millionär zu sein?

von

Marco Müller

1. Auflage

Bibliografische Information der Deutschen Nationalbibliothek: Die Deutsche Nationalbibliothek verzeichnet diese Publikation in der Deutschen Nationalbibliografie; detaillierte bibliografische Daten sind im Internet über dnb.dnb.de abrufbar.

Herstellung und Verlag:
BoD - Books on Demand, Norderstedt

ISBN: 9783746031842

Vorwort

Seit 1999 stelle ich in meinen Vorträgen immer wieder diese Frage:

Hand auf´s Herz - *wer hatte schon einmal den Wunsch Millionär zu sein?*

Und nahezu alle Hände gehen immer nach oben. Die Gesichter fangen dabei an zu strahlen und für einen kurzen Moment ist der Traum wieder da!

Ich glaube nicht, dass es jedem wirklich darum geht Millionär zu sein sondern vielmehr das Leben zu haben, was wir mit diesem Status „Millionär" verbinden.

Den daraus resultierenden Luxus definiert für sich jeder anders. So sehen die einen Sportwagen und eine Villa, die anderen freie Zeit für Hobby oder Freunde, die nächsten eine Weltreise und wiederum andere Sicherheit für sich und Ihre Familie hinter diesem Status.

Für mich war es immer der Wunsch aus einem Mix aus all diesen Dingen und dies treibt mich seit 1999 an, um genau dieses Leben führen zu können.

Mit diesem Buch möchte ich dich auf der einen Seite wieder ermutigen zu träumen und auf der anderen Seite dir die Erfahrungen aus meinem Weg weitergeben. Ich bin mir sicher dies wird es dir erleichtern dein persönliches „Warum" zu finden und dir einen

Weg aufzeigen der dir das Leben all deiner Träume ermöglicht.

In diesem Sinne wünsche ich dir ganz viel Spaß bei der Lektüre der folgenden Seiten, die das Potential haben dein Leben zu verändern.

Dein
Marco Müller

Inhalt

Kapitel 1

Definiere deine Träume

Beginnen möchte ich dieses Buch mit einer Buchempfehlung eines anderen Autors:

The Big Five For Life von *John Strelecky*

Dieses Buch hat mich persönlich sehr inspiriert und dazu geführt, dass ich mich bewusst mit den Themen:

- Wofür möchte ich stehen?
- Wer möchte ich sein?
- Was sind die fünf wichtigsten Bereiche in meinem Leben?
- Was ist mein Zweck der Existenz ?

*a*useinandergesetzt habe.
Auseinandergesetzt bedeutet, dass ich mich intensiv mit diesen Themen beschäftigt und letztendlich für mich schriftlich komplett

meinen Zweck der Existenz (kurz: ZdE) sowie meine Big Five for Life (BFFL) formuliert habe.

Du musst dies nicht in Verbindung mit diesem Buch tun aber es ist elementar wichtig, dass du dich damit auseinandersetzt und für dich definierst, was dir wirklich wichtig ist in deinem Leben, wie deine Träume und Wünsche aussehen und wofür du stehen möchtest.

Halte dies **SCHRIFTLICH** fest!

Ich möchte dir eine direkte und persönliche Frage stellen:

Wann hast du dir das letzte mal einen ganzen Tag (komplett ohne äußere Einflüsse wie Handy, TV, Internet oder andere Menschen) Gedanken darüber gemacht wie du Leben möchtest?

Von über 50.000 Teilnehmer bei meinen Vorträgen hat dies so gut wie niemand überhaupt jemals getan. Aufgrund der Tatsache, dass wir alle vermutlich nur ein Leben haben, finde ich dieses Ergebnis erschreckend. Sollte es dir auch so gehen ist mein Rat an dich:

Beginne damit! Denn zu wissen was du überhaupt möchtest ist der erste Schritt, um die Verantwortung für deine Träume zu übernehmen.

Dies kannst nur du alleine tun und ich wünsche dir ganz viel Spaß dabei. Es wird eine Reise zu dir selbst und ich möchte dir hier gerne meine persönliche Erkenntnis im Bereich vom „Zweck der Existenz" sowie den „Big Five for Life" mitteilen:

Zweck der Existenz:

Glücklich sein, indem ich ohne Stress das tue was ich erleben möchte und dabei andere inspiriere.

Big Five for Life:

L - Lifestyle. Lebensqualität mit freier Zeit, Pferden, Familie und Meer genießen.

I - Inspiration durch meine Art zu denken und zu leben, eigene Bücher und Vorträge.

E - Entwicklung. Morgen ein besserer Mensch sein als heute. Im geschäftlichen, sozialen und geistigen Bereich.

B - Business. Ein Unternehmen führen welches Profit macht und den Zweck der Existenz seiner Partner fördert.

E - Erfolg. Ich liebe es zu gewinnen.

Die wichtigste und erschreckendste Erkenntnis aus diesem Bereich sollte ausreichen damit du genau jetzt die Entscheidung triffst dich intensiv damit zu beschäftigen:

Menschen die ihren ZdE und ihre BFFL kennen, tun viele Dinge welches das Erreichen dieser fördert. Und Menschen die beides nicht kennen tun ganz viele andere Dinge.

Die Energie ist bei beiden Seiten die gleiche, nur das Ergebnis könnte unterschiedlicher nicht sein.

„Be aware of this and make your own decision!"

Kapitel 2

Schaffe dir finanzielle Freiheit

Um deine Träume leben zu können benötigst du in den meisten aller Fälle Geld oder Zeit und oftmals auch beides zusammen.

In unserem klassischen Alltag steht dies aber gegensätzlich zueinander, da die Masse aller Menschen sich daran gewöhnt hat Geld gegen Zeit zu tauschen.

Der Großteil bekommt Lohn oder Gehalt und tauscht diesen gegen 30 - 70 Stunden seiner Zeit pro Woche.

Wiederum andere arbeiten auf eigene Rechnung, sind selbständig und tauschen Ihre Arbeitskraft oder ihre Dienstleistung gegen Rechnung.

Im ersten Fall hast du einen Job und im zweiten Fall besitzt du deinen Job. Beides ist allerdings Zeit gegen Geld getauscht und unterliegt somit den Gesetzen des „Aktiven Einkommens". Deine Einnahmen sind an deine aktive Arbeitsleistung gekoppelt. Kannst du diese nicht mehr entrichten, aus welchen Gründen auch immer, bekommst du auch keine weitere Zahlungen.

Somit gibt es viele die haben Zeit aber kein Geld und viele die haben Geld aber keine Zeit. Der schlechteste Fall ist kein Geld und keine Zeit und ich hoffe jetzt einfach mal du gehörst da nicht dazu.
Die Wahrheit ist alle drei bisher genannten Bereiche sind nicht wirklich gut und ich möchte deshalb in diesem Kapitel auf Variante vier, Geld und Zeit haben, eingehen.

Für die Lösung in diesem Punkt habe ich 18 Jahre benötigt. 15 Jahre davon um sie zu erkennen und gerade mal drei Jahre sie umzusetzen. Solltest du deshalb dieses

Kapitel sehr aufmerksam lesen, bist du in der Lage dir 15 Jahre deiner Zeit zu sparen und kannst finanzielle Freiheit innerhalb von 3 Jahren erreichen.

Mein Opa sagte immer zu mir:

„Marco du musst nicht der Schlauste sein, sieh einfach zu das du der Cleverste bist."

Dieser Satz klingelt mir bis heute in den Ohren und ich habe, wie eben bereits erwähnt, 15 Jahre benötigt um „clever" zu sein. Was bedeutet in diesem Fall clever? Ich möchte dir dieses in einem meiner wichtigsten Learnings erklären:

Ich saß mit meinem Opa auf seiner Terrasse und ich habe ihm die Frage gestellt ob sein Papa und sein Opa faul gewesen waren? Er war total erschrocken und sagte mir, dass alle immer gearbeitet haben und fragte mich was ich damit ausdrücken wolle?

Ich meinte zu ihm:

Mein Papa war immer fleißig und niemals arbeitslos, du warst immer fleißig und niemals arbeitslos und sagst mir dein Papa und dein Opa waren dies auch. Opa, die Frage die ich mir stelle ist, wenn ihr alle immer gearbeitet habt, warum ich dann so wenig erbe?

Er war damals sehr erschrocken, aber mir ging es nicht darum etwas vorzuwerfen oder gar um Geld. Mir ging es einfach um die Sache und ich habe mir die Frage gestellt warum es sehr vermögende Familien gibt und warum wir nicht dazu gehörten, obwohl ich meine Familie für intelligent und fleißig halte.

Als ich mich dann intensiv damit beschäftigt habe wurde es mir klar. Alle Menschen in meiner Familie begonnen bei meinen Eltern über Großeltern, deren Eltern und Großeltern, alle meine Tanten und Onkel, Cousinen und Cousins, einfach jeder in meiner Familie hatte reines aktives Einkommen.

Was wiederum bedeutet, dass bei jedem das Einkommen direkt an die Arbeitskraft gekoppelt war und die Einnahmen somit endeten, wenn sie nicht mehr arbeiten gingen. Dadurch konnten Sie zwar vom direkten Einkommen leben, aber zum Schluss blieb nur noch eine geringere Rente und etwas Erspartes, welches dann benötigt wurde um die Lücke wieder aufzufangen.

Des Ergebnis über die ganze Familie gesehen ist erschreckend, denn nicht ein einziger hatte finanzielle Freiheit erreicht. Niemand hatte es geschafft mehr passive Einnahmen aufzubauen als Fixkosten zu haben.

Definition von finanzieller Freiheit:

Deine passiven monatlichen Einnahmen sind höher als deine fixen monatlichen Kosten.

Dies zu erreichen bringt dich in die Situation:

Du kannst arbeiten gehen, musst aber nicht.

Es gibt mehrere Arten von passiven Einnahmen. Wichtig von Bedeutung ist hier zu verstehen, dass diese Einnahmen nichts mit deiner aktiven Arbeitskraft zu tun haben.

Beispiel:

Wenn du 2.000 € monatliche fixe Kosten hast für dein Leben und du hast auf der anderen Seite eine bezahlte und vermietete Immobilie, die dir 2.000,- € netto Miete bringt pro Monat, dann bist du finanziell frei. Du kannst arbeiten gehen, musst aber nicht.

Für mehr Verständnis in diesem Bereich kann ich dir das Buch:

Rich Dad Poor Dad - Was die Reichen ihren Kindern über Geld beibringen von Robert T. Kiyosaki sehr empfehlen.

Als ich dies verstanden hatte, fiel mir der Satz von meinem Opa wieder ein:

Opa Manfred Schlick

„Marco du musst nicht der Schlauste sein, sieh einfach zu das du der Cleverste bist.“

Und ich musste feststellen, dass ich nicht cleverer war sondern auch ich von 100% aktivem Einkommen lebte und meine finanzielle Situation eher schlechter war als die vom Rest der Familie, denn meine fixen Kosten waren noch höher und mein aktives Einkommen auch nur bei 100% was dazu führte, dass ich noch viel mehr arbeiten musste als der Rest.

Dadurch hatte ich sehr wenig Zeit und die meisten Familienfeste fielen nach und nach für mich aus. Nicht weil ich es so wollte oder glaubte was besseres zu sein. Nein rein auf Grund der Tatsache, dass meine fixen Kosten sehr hoch waren und ich dafür 100% aktiv arbeiten musste.

So musste ich erkennen das ich im Prinzip genau das Gegenteil als „clever" war. Ich hatte zwar gut verdient, aber ich war bezüglich Finanzen sehr schlecht aufgestellt.

Dies wurde mir aber erst bewusst, als ich mit einem Schicksalsschlag konfrontiert wurde. Im Jahre 2013 wurde bei meinem Papa Lungenkrebs diagnostiziert. Es war schon recht weit fortgeschritten und ich habe mich damals direkt entschlossen ihn zu begleiten und habe beruflich eine komplette Auszeit genommen.

Diese Zeit wurde für mich ein finanzielles Desaster und zugleich auch die Rettung sowie gleichzeitig Entstehung meines Lebens von heute.

Was war passiert?

Mal losgelöst davon, dass es emotional die schwerste Phase meines Lebens war und ich mich ein Jahr lang massgeblich um meinen Papa kümmerte, was zusätzlich mit Herzinfarkten, Gehirntumoren und ca. 200 Krankenhaus- und Pflegetagen bereits schlimm genug war, kam es aber noch viel härter. Denn genau in dieser Zeit fielen Gelder , die ich noch zu bekommen hatte, aus und meine Verpflichtungen liefen aber weiter.

Ich konnte zu dieser Zeit nicht aktiv arbeiten gehen, passive Einnahmen hatte ich keine. Aber meine Kosten liefen weiter. Dies endete natürlich im finanziellen Desaster und ich musste danach nochmals komplett neu anfangen.

Zwei Learnings möchte ich dir hier mitgeben:

1. Baue dir passive Einnahmen dann auf wenn du noch aktive Einnahmen hast
2. Solltest du rauchen… höre auf! Es zerstört nicht nur dein Leben, sondern auch das deiner Liebsten die dich lieben.

Warum aber wurde diese Situation zur Rettung/Entstehung meines heutigen Lebens?

Ich habe aufgrund dieser Situation folgende Entscheidung getroffen:

Ich werde ab SOFORT clever sein und werde AUSSCHLIEßLICH aktive Tätigkeiten ausüben, welche die Chance haben dauerhaft passiv weiter bezahlt zu werden.

Diese Entscheidung hat mein Leben komplett verändert und meine Einkommenssituation hat sich innerhalb von drei Jahren wie folgt gedreht:

Vor der Entscheidung hatte ich:

100% aktives Einkommen und 0% passive Einnahmen.

Ende 2017 setzen sich meine monatlichen Einnahmen aus 89% passiven Einkommensquellen und 11% aktivem Einkommen zusammen.

Das Verrückte daran ist, ich habe in den letzten 3 Jahren nicht mehr oder weniger gearbeitet als die 15 Jahre davor, nur anders. Und ich kann mich da nur aus dem Kapitel davor wiederholen:

Die Energie ist bei beiden Arbeitsweisen die gleiche, nur das Ergebnis könnte unterschiedlicher nicht sein.

„Be aware of this and make your own decision!"

Denn du kannst dies ganz genauso tun und wirst auch ähnliche Ergebnisse haben. Tue dir einen Gefallen und denke über dieses Kapitel ernsthaft nach, nehme dir Zeit, lese *„Rich Dad Poor Dad",* und habe den Mut für dich die Entscheidung zu treffen:

Ich werde ab SOFORT clever sein und werde AUSSCHLIEßLICH aktive Tätigkeiten ausüben, welche die Chance haben dauerhaft passiv weiter bezahlt zu werden.

Kapitel 3

Network Marketing als Chance

Wenn du jetzt noch am Lesen bist und das Buch noch nicht weggelegt hast, erfährst du in diesem Kapitel wie Network Marketing (d)eine Lösung sein kann für die bisherigen Themen:

1. Träume definieren
2. Finanzielle Freiheit schaffen

Denn Network Marketing bietet dir auf der einen Seite die Möglichkeit, aktive Tätigkeiten auszuführen mit der Chance auf dauerhafte passive Entlohnung und auf der anderen Seite gibt es dir die komplette zeitliche Freiheit, deine Tätigkeiten frei einzuteilen.

Dies wiederum ermöglicht es dir nebenberuflich das Business aufzubauen.

Da Network Marketing außer dem Mindestalter von 18 Jahren keine Voraussetzungen hat, um es ausüben zu dürfen, und zudem keine hohen finanziellen Investitionen benötigt werden, ist es für jeden eine echte Alternative.

Allerdings gibt es auch im Network Marketing Hürden und Regeln die man beachten muss, um erfolgreich zu werden und es auch zu bleiben. Ich habe dir hier die wichtigsten Regeln zusammen gefasst und kann dir wirklich nur empfehlen sie zu 100% einzuhalten:

1. Ja, im Network Marketing kannst du sehr viel Geld verdienen.

Aber es ist ein Business und du musst bereit sein zu lernen und dich zu entwickeln.

Deswegen Regel Nummer 1: Du musst bereit sein permanent an dir zu arbeiten und ca. 3-5 Jahre einplanen um richtig erfolgreich zu werden

2. Die Wahl des richtigen Unternehmens

Hier ist zu beachten:

- Das Unternehmen muss länger als 5 Jahre am Markt sein
- Der Jahresumsatz bei mind. 100 Mio. USD liegen
- Die Produkte dürfen keiner Halbwertszeit unterliegen. Wähle Produkte die vor 30 Jahren relevant waren und auch in 30 Jahren noch benötigt werden (Beauty, Gesundheit etc.)
- Infrastruktur: Achte auf eine flächen- deckende Eventstruktur
- Achte auf internationales Business, optimal mehr als 100 Länder offen

3. Die Wahl deines Mentors

- Entscheide dich bewusst für einen Mentor mit dem du arbeitest

- Er sollte bereits erfolgreich, aber noch hungrig sein und Visionen haben
- Du solltest dich mit seinen Werten identifizieren können
- Lege Wert auf eine professionelle Einarbeitung

4. Go Pro - Entscheide dich ein Profi zu werden

Es ist im Network Marketing wie im Fußball und allen anderen Bereichen auch. Es gibt die Profis, die verdienen viel Geld.

Es gibt unter den Profis noch die Besten, die verdienen abartig viel Geld.
Und es gibt eine große Masse, die nicht professionell es betreibt, und die kein bis wenig Geld verdient.

Hier ganz klar mein Tipp:

Entscheide dich, das Business als Profi zu betreiben. Kaufe dir das Buch **Go Pro** von

Eric Worre und lebe danach. Es ist das Buch, nach dem ich komplett arbeite und auf dessen Grundlage ich meine Organisation aufbaue

Wenn du diese Regeln einhältst und aktiv an deinen Träumen arbeitest, dann gibt dir die Branche mehr zurück als du je erwartet hast. Mit über 200.000 Millionären hat die Network-Marketing-Branche mehr Millionäre hervorgebracht als die komplett Sport & Entertainment Industrie zusammen.

Alles ist möglich!

Wie schaffst du es dir passive Einnahmen aufzubauen?

Hier gibt es im Network Marketing zwei Möglichkeiten:

1. Kunden aufbauen

Du hast die Möglichkeit Kunden in deinem eigenen Online-Shop zu gewinnen. Du erklärst ihm einmal, welche Produkte es gibt, wofür sie gut sind und gibst deine eigenen Erfahrungen weiter. Bestellt der Kunde, verdienst du direkt am Verkauf des Produktes. Dies ist eine aktive Tätigkeit und deshalb aktives Einkommen.

Aber alle weitere Bestellungen, die er macht und selbst im Shop bestellt, sind für dich passive Einnahmen. Du hast keine Arbeit mehr mit, aber verdienst an allen Bestellungen von ihm lebenslang mit.

Wichtiger Tipp:

Achte bei der Unternehmenswahl auf Verbrauchsprodukte mit hohen Wiederbestellquoten.

2. Partner aufbauen

Zudem hast du die Möglichkeit, Partner für dein Unternehmen und Business zu gewinnen. Hier hast du auch aktive Arbeit in

Form den Partner zu gewinnen und ihn dann richtig ins Business einzuweisen.

Dafür erhältst du in der Regel auf seine Erstbestellung eine einmalige Sonderprovision und bist danach passiv an allem beteiligt, was er an Umsatz macht und was aus ihm an Umsätzen in seinem Team entsteht.

Wichtiger Tipp:

Achte hier beim Vergütungsplan darauf, dass dieser unendlich tief bezahlt und kein Umsatzvolumen abschneidet.

Informiere dich bei Interesse genauer über die Person die dir dieses Buch empfohlen oder überreicht hat.

Kapitel 4

Triff Entscheidungen

Es hört sich schon verrückt an, aber es ist die Wahrheit:

Ob du deine Träume leben kannst oder nicht, hängt davon ab ob du dich dafür entscheidest oder nicht.

Entscheidungen zu treffen ist elementar wichtig, um dein Leben kontinuierlich zu verbessern. Denn erst wenn wir etwas wirklich entschieden haben, sind wir bereit die Prioritäten anzupassen und nach unseren Träumen zu handeln.

Aus Kapitel eins erinnern wir uns noch an die Tatsache, dass Menschen die ihren Zweck der Existenz kennen ganz viel tun was diesen fördert und Menschen die ihn nicht kennen viele andere Dinge tun.

Wenn du dies einmal verstanden hast wirst du erkennen, dass dies alles aufeinander aufbaut. Du musst wissen was du wirklich möchtest, wie dein Leben sein soll und wer du sein magst. Und wenn du dies weißt kommt nun die Entscheidung ins Spiel. Entscheide dich für dein Leben. Für deine Träume. Deinen Zweck der Existenz und deine Big Five for Life.

Lass uns mal offen darüber sprechen was du wirklich benötigst, um in der Lage zu sein eine Entscheidung zu treffen.

Hier sind drei Dinge relevant:

1. **Du musst wissen wofür du dich überhaupt entscheiden sollst**

In diesem Falle ist dies sehr einfach, da du es von deinen BFFL hast aus dem Kapitel 1. Diese schreibst du dir auf und genau darum geht es in deiner Entscheidung.

2. Du benötigst eine realistische Möglichkeit, mit der du Punkt 1 erreichen kannst.

In diesem Falle ist es die Mischung aus Kapitel 2 und 3 aus diesem Buch. Dies ist deine Chance, wirklich deine Träume zu leben. Und das gute daran ist, alles was du für diesen Weg benötigst, kannst du erlernen.

3. Mut

Um nun eine abschließende Entscheidung zu treffen benötigt man Mut und ich möchte dir hier meine Formel für Mut aufzeigen. Diese wird dir aufzeigen wieso manche Entscheidungen uns einfacher fallen, andere schwerer und wir wiederum für manches einfach den Mut nicht aufbringen:

Mut ist immer eine Abwägung von Angst und Verlangen.

Einfach dargestellt bedeutet dies, wenn ein Verlangen nach etwas größer ist als die Angst davor das es schief geht ist die Entscheidung wahrscheinlich. Je höher das Verlangen gegenüber der Angst, desto einfacher ist die Entscheidung.

Typisches Beispiel hier:

Lotto: Das Verlangen danach Millionär zu werden mit einem Lottogewinn ist wesentlich größer als die Angst ein paar Euro zu verlieren für einen Lottoschein. Also spielen es Millionen von Menschen jede Woche weil sie wissen, wenn sie verlieren ändert sich nichts im Leben, wenn sie gewinnen ändert es alles.

Umgekehrt ist es auch einfach. Ist die Angst vor etwas sehr groß und das Verlangen kaum vorhanden ist die Entscheidung auch schon gefallen.

Beispiel:

Ich habe extreme Höhenangst und habe null Verlangen danach Riesenrad zu fahren. Da ist die Entscheidung direkt klar ohne nachzudenken. Ich fahre keins. Punkt.

Schwierige Entscheidungen stehen dann an, wenn sich Angst und Verlangen die Waage halten. Wenn man auf der einen Seite gerne würde, aber auf der anderen Seite schon nicht sicher ist und eine gewisse Angst da ist.

Klassisches Beispiel hier aus unserer Branche:

Wenn ich auf meinen Vorträgen wiederum die Frage stelle:

Wenn ihr wüsstet, dass ihr es definitiv schaffen würdet durch Network Marketing alle eure Träume leben zu können, würdet ihr es dann tun?

Dann gehen wiederum immer nahezu alle Hände nach oben. Dennoch steigen danach nicht alle in das Business ein. Woran liegt das?

Es zeigt genau dieses Beispiel auf von Angst und Verlangen und spiegelt die drei Varianten.

Der erste hätte es irgendwo schon gerne, aber glaubt nicht an sich und hat Angst es nicht zu schaffen. Er wird sich dagegen entscheiden.

Andere haben ein riesiges Verlangen danach ihre Träume zu leben und sagen sich JA ich will das haben. Ich hab zwar noch keine Ahnung genau wie ich es schaffe, aber ich will es unbedingt und mache es. Hier haben wir ein so großes Verlangen, dass es die Angst direkt unterdrückt und er oder sie steigt ein in das Business.

Und die dritte Kategorie sind eben die mit ähnlicher Ausprägung bei Verlangen und Angst.

Learning für dich:

Die richtig erfolgreichen Menschen treffen auch Entscheidungen in diesen ausgeglichenen Bereichen. Sie wägen ab, was ist Worst-Case wenn es schief geht und was ist Best-Case wenn es gut geht. Beziehen dann eine eventuelle Wahrscheinlichkeit mit ein und treffen dann eine bewusste Entscheidung.

Wichtig ist zu verstehen, dass diese Entscheidungen auch in solchen Phasen getroffen werden müssen. Erfolgreiche Menschen tun dies, auch wenn sie damit natürlich nicht immer richtig liegen. Auch du wirst nicht immer richtig liegen wenn du entscheidest, aber dennoch musst du es tun. Denn wenn du nur immer die eindeutigen

Situationen entscheidest, wirst du niemals erfolgreich werden können. Also lerne immer abzuwägen und dann eine Entscheidung zu treffen dafür oder dagegen. Ich halte dies für so wichtig, denn was glaubst du welche Situation die meisten Träume zerstört hat:

a) Das sich jemand komplett dafür entschieden hat und hat es nicht erreicht

b) Das jemand sich bewusst gegen seine Träume entschieden hat

oder

c) Das einfach gar keine Entscheidung getroffen wurde dafür oder dagegen und das Leben so seinen Lauf nahm

Was sagt dir dein Gefühl - a, b oder c?

Korrekt, es ist Antwort c. Die mit Abstand höchste Zahl aller Träume platzt, weil einfach keine eindeutige Entscheidung getroffen wurde.

Mein Tipp an dich bezüglich dieses Kapitels:

Denke wirklich darüber nach ob das, was ich dir hier mitgeteilt habe, stimmt oder nicht und wenn du der Meinung bist das es stimmt, dann ändere dein Leben und werde die Person die in allen Bereichen Entscheidungen trifft. Lass dein Leben nicht einfach vorüber ziehen ohne bewusst dich für oder gegen deine BFFL, deine Wünsche und Träume zu entscheiden.

Solltest du in diesem Kapitel dich wieder erkennen sowie deinen Weg bestärkt sehen und der Meinung sein, ja genau so ist es und genau so lebe ich. Dann herzlichen Glückwunsch - mach weiter so! Und ich möchte dich einladen dieses Buch auch weiterzugeben, zum Beispiel als Präsent oder Geschenk und somit auch andere zu inspirieren. Lass uns gemeinsam Leben verändern und Träume retten.

Kapitel 5

Suche dir Mentoren für den direkten Weg

Nachdem wir nun offen darüber gesprochen haben wie du es schaffst Entscheidungen zu treffen, möchte ich dir nun meinen wertvollsten Tipp für die Umsetzung geben.

Dieser Schritt ist sehr wichtig nachdem du dich für etwas entschieden hast und bevor du dich auf die Reise begibst:

Suche dir einen Mentor!

Dieser wird dir deinen Weg zu deinem Ziel nicht verkürzen, aber er wird verhindern das du den Weg mit Umwegen verlängerst und dir dadurch sehr viel Zeit, Energie und auch Geld sparen.

Ganz wichtige Regel bei der Auswahl deines Mentors:

1. Er muss da sein, wo du in den nächsten Schritten hin möchtest

2. Er muss irgendwann mal da gestartet sein, wo du dich aktuell in etwa befindest

Beispiel:

Wenn du rauchst und hast als Ziel aufzuhören, dann suche dir jemand der heute nicht mehr raucht, aber mal Raucher war. Denn nur so jemand ist den Weg, den du vor dir hast, schon gegangen und kann dich mit realen Erfahrungen aus seinem Leben begleiten. Er weiß was dich erwartet und weiß aber auch was zu tun ist um auf Kurs zu bleiben.

Dies ist im Business ganz genauso.

Möchtest du finanzielle Freiheit durch Network Marketing erreichen, dann suche dir einen Mentor der diese früher nicht hatte, aber sie heute erreicht hat.

In meinem Fall ist es so, dass ich für meinen Weg 18 Jahre benötigt habe, davon 15 Jahre Umwege waren.

Diese Umwege hätte ich mir ersparen können, wenn ich so ein Buch damals gelesen und mich der passenden Mentoren angenommen hätte.

Das ist das, was ich zu Beginn meinte:

Mentoren machen deinen Weg nicht kürzer. Ich hätte dennoch auch mit Mentoren die 3 Jahre benötigt. Aber ich hätte mir die Umwege von 15 Jahren erspart.

Mach dir darüber bitte ernsthaft Gedanken und entscheide dich bewusst für eine Zusammenarbeit und ein Leben mit Mentoren!

Marco Müller mit Danien Feier (li.)

Bedanken möchte ich mich hier bei meinen aktuellen Mentoren:

Danien Feier

Danien ist mein Mentor was Network Marketing betrifft. Er zählt zu den besten Network Marketing Professionals der Welt und ist einer der bestverdienenden Europas unserer kompletten Branche.

Wir haben einen sehr ähnlichen Weg hinter uns und haben sehr viele Gemeinsamkeiten, aber das wichtigste ist:

1. Er ist da, wo ich mit meinem Business hin möchte

2. Er war schon in meiner Lage und kannte somit den Weg

Das in Verbindung mit gleichen oder zumindest sich stark ähnelnden Wertvorstellungen sowie einer gemeinsamen Vision macht ihn für mich zum besten Mentor in diesem Bereich und ich bin sehr froh, täglich mit ihm arbeiten zu dürfen.

Willst auch du von ihm profitieren, empfehle ich dir sein Buch „History in the making".

Ralf Mitsch

Ralf ist mein Mentor, was finanzielle Freiheit im Bereich Vermögensaufbau betrifft.

Ich habe mich vor einigen Jahren entschieden mir eigene vermietete Immobilien aufzubauen, die meiner Familie die Zukunft sichern.

Hier habe ich mir bewusst Ralf als Mentor ausgewählt, weil er in diesem Bereich sehr erfolgreich ist und sich einen eigenen Immobilienbestand aufgebaut hat und mit diesem genau da ist, wo ich hin möchte.

Danke an meinen „großen Bruder" Ralf für deine Unterstützung in diesem Bereich.

Meine Familie

Ich möchte hier keine einzelnen Personen herausnehmen, aber meine Familie hat mir immer Geborgenheit gegeben und war in allen schwierigen Situationen für mich da. Dieses werde ich für meine Zukunft übernehmen und weitergeben.

Ich liebe es wenn ich sehe wie meine Tante
Sabine & Onkel Rainer auch nach
Jahrzehnten heute noch verliebt sind und
Hand in Hand laufen, oder meine Schwester
und ihr Mann mit ihren drei tollen Kindern
umgehen.

Besonderen Dank hier auch an meine Oma,
meine Mutti und Uwe die immer für mich da
sind und einfach das Herz an der richtigen
Stelle haben.

Meine Mutti Brigitte Strottner

An Marlo & Susi die einem aufzeigen was es heißt in guten und in schlechten Zeiten für jemanden da zu sein.

Werner, der Verantwortung für die ganze Familie übernommen hat und dem kein Weg zu weit war.

Sowie alle weiteren aus der großen Familie, insbesondere an drei die ich über alles vermisse:

Onkel Reinhold, meinen Papa und meinen Opa. Ihr drei habt mein Leben maßgeblich geprägt und jeder von euch hat mich Dinge gelehrt in denen er ewig mein Mentor sein wird.

Ich liebe euch!

Jetzt wurde dieses Kapitel doch emotionaler als ich es mir vorgestellt hatte. Aber diese Zeilen kamen spontan aus dem Herzen und ich möchte Sie deshalb auch genau so stehen lassen.

Abschließend kann ich dir von ganzem Herzen raten:

Beschäftige dich mit Mentoren. Sei bereit, dich auf Mentoren einzulassen und vertraue ihnen auf deinem Weg.

Und für alles, was du gelernt und erreicht hast, sei bereit selbst ein guter Mentor zu sein und andere Menschen vor großen Umwegen zu bewahren.

Je erfolgreicher du wirst, egal in welchem Bereich, je mehr wird es geben die mal da waren wo du aktuell bist oder da hin wollen, wo du aktuell bist. Sei dir dessen bewusst und denke immer daran:

„Sometimes we are teacher and sometimes we are students."

Kapitel 6

Erweitere deine Persönlichkeit

Im Prinzip hast du in den fünf Kapiteln zuvor einen kompletten Fahrplan erhalten, wie du in der Lage bist, alle deine Träume und Wünsche zu leben:

1. Definiere deine Träume
2. Finanzielle Freiheit schaffen
3. Network Marketing
4. Entscheidungen treffen
5. Mentoren suchen

Und nun kommt noch der letzte, aber auch wichtigste Punkt dazu. Hierzu möchte ich Les Brown zitieren, der so treffend sagte:

„Du bekommst nicht was du willst. Du bekommst nur was du bist."

In diesem Kapitel geht es um Dich und um deine Persönlichkeit.

Meine vollste Überzeugung ist, der beste Weg eine Traumfrau zu bekommen ist es ein Traummann zu sein. Im Business ist es genauso. Um als Profi bezahlt zu werden musst du ein Profi sein.

Wer bist du? Wie ausgeprägt ist deine Persönlichkeit?

Ich möchte dir hier meine Sicht von diesem Bereich darstellen. Alles was wir immer tun und zu unseren Gewohnheiten wurde ist unsere Persönlichkeit. Je mehr wir tun - und irgendwann können - je ausgeprägter wird sie.

Beispiel:

Wir alle kommen auf die Welt und können erstmal sehr wenig. Irgendwann lernen wir laufen und sprechen. Am Anfang ist es noch was besonderes, aber nach kurzer Zeit ist es normal und wir machen es automatisch ohne darüber nachzudenken.

Später geht es uns so mit rechnen, mit schreiben, mit dem Auto fahren, Smartphone bedienen und vieles mehr genauso. Alles Dinge die einmal außerhalb unserer Persönlichkeit waren, einfach weil wir sie noch nicht konnten, und heute Teil unserer Persönlichkeit sind und sie für uns vollkommen normal wurden.

Die Wahrheit ist:

Um unsere Persönlichkeit weiter wachsen zu lassen, müssen wir immer Dinge tun die außerhalb unserer aktuellen Persönlichkeit liegen.

Wann war das letzte mal, das du etwas zum ersten mal gemacht hast?

Stelle dir diese Frage immer und immer wieder und tue neue Dinge in Bereichen, in denen du gerne wachsen würdest.

Machst du gern Musik, dann frage dich wann hab ich zuletzt ein neues Instrument gespielt? Oder ein neues Stück zum ersten mal?

Entwickele dich einfach weiter. Wann hast du zuletzt eine neue Sprache gelernt oder ein neues Land bereist?

Was auch immer dich interessiert und in welchem Bereich du dich entwickeln möchtest, denke immer daran deine Persönlichkeit wächst dann, wenn du Dinge tust die aktuell außerhalb deiner Persönlichkeit liegen.

Wir alle kennen Sprüche wie: „Wer das tut was er schon immer getan hat wird auch nur das bekommen was er schon immer hatte." Es ist da ja viel Wahres dran.

Aber!

Wichtig, sogar sehr wichtig ist es nicht nur Neues zu tun, sondern sich bewusst auch Gedanken zu machen in welchem Bereich macht es für dich Sinn Neues zu tun. Und jetzt sind wir wieder bei Kapitel 1 angekommen.

Wer seinen Zweck der Existenz kennt wird ganz vieles Neues tun was diesen fördert. Wer seinen ZdE nicht kennt wird ganz viel Neues in irgendwas tun. Damit zwar wachsen, aber wahrscheinlich dennoch seine Träume nicht leben können.

Du merkst, alles baut aufeinander auf und du darfst keines dieser 6 Kapitel für dein Leben auslassen.

Deswegen mein abschließender Tipp an dich:

Arbeite dieses Buch immer und immer wieder durch und integriere es in dein Leben. Diese sechs Kapitel angewandt haben das Potential dein Leben für immer zu verbessern. Dich auf ein neues Level zu heben und es so zu prägen, dass es generationenübergreifend Leben verändern kann.

Ich wünsche dir ganz viel Spaß auf deiner Reise. Arbeite beständig an dir, sei dankbar, lebe deine Träume und nimm das Leben nicht immer all zu ernst, denn du kommst eh nicht lebend raus... ;)

Persönliche Worte

Vielen Dank das du noch an Bord bist und mein Buch bis zum Ende liest.

Mir war es wichtig, das Elementarste was ich dir mitgeben kann auf eine einfache Art zusammen zu fassen und es dir schriftlich an die Hand zu geben.

Über 50.000 Teilnehmer in meinen Vorträgen waren begeistert von diesen Themen und der direkten Art diese Dinge anzusprechen.

Mir war die Anzahl derer die auf Seminare kommen immer viel zu wenig und ich hatte den Traum mehr Menschen mit meinen Worten zu erreichen. Sie zu inspirieren wieder zu träumen und dann auch etwas dafür zu tun.

Ich hoffe von ganzen Herzen, dass mir dies bei dir gelungen ist und würde mich sehr über ein Feedback von dir freuen.

Alle Bücher die ich in diesem Buch empfohlen habe kannst du auch über meine Homepage www.marcomueller.info bestellen.

Ich drücke dir ganz fest die Daumen auf dem Weg deine Träume zu leben. Und du darfst mir sehr gerne natürlich auch über deine verwirklichten Träume dank dieses Buches Informationen zukommen lassen.

Deine Story's, Feedback oder was auch immer du los werden möchtest, kannst du gerne mailen an:

feedback@marcomueller.info

Sollte dich das Buch sogar begeistert haben, würde ich mich freuen wenn du mir helfen würdest auf meiner Reise für mehr gelebte Träume zu kämpfen und du einfach hingehen würdest und fünf Bücher an Menschen aus deinem Umfeld verschenken würdest. Dies ist eine kleine Tätigkeit die in der Lage ist eine Welle zu werden und dadurch ganz viele Träume zu realisieren. :)

Würdest du das tun? Ja?

Wenn ja, dann wäre das Superklasse von dir und ich bedanke mich schon im Voraus recht herzlich und habe für dich unter dem Motto:

Träumeretter

auf meiner Homepage

www.marcomueller.info

einen 5er Pack zum Sonderpreis vorbereitet. Bestelle diesen am besten jetzt direkt und lass uns das Buch unter die Leute bringen. Danke dafür!

Solltest du Interesse haben Network Marketing näher kennenzulernen und dich genauer zu informieren, dann wende dich bitte an die Person über die du das Buch bekommen hast und sie wird dir sicherlich weitere Informationen rund um dieses tolle Business zukommen lassen können.

Zum Abschluss noch einen besonderen Dank an mein komplettes Team, das mich seit Jahren begleitet und mein Leben bereichert.

Sowie an Mario Deutsch, der mir den entscheidenden Impuls gab und mich maßgeblich bei der Erstellung dieses Buches unterstützt hat. Als Geschäftspartner und Freund wird er sich auch der kompletten Onlinevermarktung dieses Buches annehmen.

Vielen Dank ALLEN!

So jetzt geht es wieder an die Arbeit und ich beginne von vorne selbst das Buch zu leben. :)

Über mich

Nachdem wir nun ja schon einige Zeilen zusammen verbracht haben, möchte ich dir noch ein paar Worte zu meiner Person mitteilen.

Alles was du hier in diesem Buch gelesen hast, habe ich selbst durch eigene Erfahrungen lernen dürfen oder teilweise auch schmerzhaft müssen. Aber ich bin über den kompletten Weg sehr dankbar, denn erst dieser hat mich zu der Person von heute gemacht.

So ist zwischen meiner Geburt 1979 in Speyer und dem Weg als Network-Marketing-Profi zum Autor 2017 viel passiert.

Vom Wirtschaftsabitur, Grundwehrdienst bei der Luftwaffe, Verkauf von BMW Automobilen & Landmaschinen im Angestelltenverhältnis, über Network Marketing, Seminare und Schulungen mit über 50.000 Teilnehmern bis hin zu eigenen Unternehmen mit insgesamt über 50 Mitarbeitern war so ziemlich alles dabei.

Nach 15 Jahren Business & Vertrieb mit allen Höhen und Tiefen fiel für mich die Entscheidung, mich ausschließlich auf Network Marketing zu fokussieren und dieses professionell aufzubauen. Auf der einen Seite macht es mir einfach unendlich viel Spaß, Menschen dabei zu helfen sich zu entwicklen und ihre Träume zu leben. Und auf der anderen Seite kann ich hier Erfahrungen am besten weitergeben und meine Stärken für gemeinsame Erfolge nutzen.

Diese Stärken haben mich in allen Network Unternehmen bisher unter die Top 1% weltweit gebracht und in meinen Teams wurden mehrere Millionen USD an Provisionen erwirtschaftet. Aber dennoch geht es jetzt in dieser Branche für mich erst richtig los.

Ich liebe was ich tue und lebe Network Marketing an 365 Tagen im Jahr. Ich bin einfach unglaublich glücklich damit und kann mir beruflich nichts anderes mehr vorstellen.

Solltest du selbst bereits im Network Marketing tätig sein, habe ich dir noch ein zusätzliches Kapitel als Bonusmaterial zugefügt und du kannst dies hier noch als letztes Kapitel lesen. Ganz viel Spaß damit.

Bonus

Network-Marketing-Profi-Score

Dieses Bonusmaterial ist für alle Menschen, die bereits in dieser tollen Branche aktiv sind oder diejenigen, die sich wirklich ernsthaft dafür interessieren.

Um festzustellen wo man wirklich steht, habe ich die Berechnung eines eigenen Scores entwickelt. Dieser zeigt dir ganz offen auf, wo du das meiste Potential hast dich zu entwicklen, was du dafür tun kannst und welchen Score du erreichen musst, um deine Träume leben zu können.

Auf meiner Seite
www.marcomueller.info

kannst du dir kostenlos:

- das PDF Formular für deine eigene Score-
  Berechnung downloaden

- das kostenlose Training von mir zu diesem
  Score erhalten

Gehe jetzt am besten direkt auf die Seite und
arbeite dies durch. Ich wünsche dir ganz viel
Spaß und Erfolg dabei und bin mir sicher, es
wird ein guter Begleiter für dich sein auf
deinem Weg zum Network-Marketing-Profi.

Dein
Marco Müller

Notizen + Ideen